# CÓMO ACTUAR DE MANERA INFORMADA

## JOSHUA TURNER

TRADUCIDO POR ESTHER SARFATTI

New York

Published in 2019 by The Rosen Publishing Group, Inc.
29 East 21st Street, New York, NY 10010

First Edition

Translator: Esther Sarfatti
Editorial Director, Spanish: Nathalie Beullens-Maoui
Editor, Spanish: Ana María García
Editor, English: Melissa Raé Shofner
Book Design: Tanya Dellaccio

Photo Credits: Cover Drew Angerer/Getty Images; p. 4 https://en.wikipedia.org/wiki/File:Benjamin_Franklin.png;
pp. 5, 22 Rawpixel.com/Shutterstock.com; p. 7 (top) Sergey Novikov/Shutterstock.com; p. 7 (bottom) PriceM/Shutterstock.com;
p. 9 (Thomas Jefferson) vkilikov/Shutterstock.com; p. 9 (bottom) Monkey Business Images/Shutterstock.com;
p. 11 (Edward Murrow) Hulton Archive/Getty Images; p. 11 (bottom) spatuletail/Shutterstock.com; p. 13 sitthiphong/
Shutterstock.com; p. 15 SaMBa/Shutterstock.com; p. 17 (top) Mondadori Portfolio/Mondadori Portfolio Editorial/
Shutterstock.com; p. 17 (Barack Obama) Steve Dykes/Getty Images News/ Getty Images; p. 19 Steve Debenport/E+/
Getty Images; p. 21 (top) Chris Graythen/Getty Images News/Getty Images; p. 21 (Jimmy Carter) STR/AFP/Getty Images.

Cataloging-in-Publication Data

Names: Turner, Joshua.
Title: Cómo actuar de manera informada / Joshua Turner.
Description: New York : PowerKids Press, 2019. | Series: Virtud cívica: Trabajemos juntos | Includes index.
Identifiers: LCCN ISBN 9781538333648 (pbk.) | ISBN 9781538333631 (library bound) | ISBN 9781538333655 (6 pack)
Subjects: LCSH: Social action–Juvenile literature. | Social change–Juvenile literature. | Social service–Juvenile literature. | Research–Methodology–Juvenile literature. | Information resources–Juvenile literature.
Classification: LCC HN18.3 T87 2019 | DDC 303.4–dc2

Manufactured in the United States of America

CPSIA Compliance Information: Batch #CS18PK: For Further Information contact Rosen Publishing, New York, New York at 1-800-237-9932

# CONTENIDO

# ACCIÓN INFORMADA

Para mejorar la vida en un pueblo, ciudad o país, los ciudadanos que viven en ese lugar deben actuar. Cuando la gente se toma el tiempo de conocer bien su comunidad y a los demás miembros de esa comunidad, es posible hacer grandes cambios.

Sin embargo, el solo hecho de querer actuar no es suficiente. La gente también debe contar con buena **información** acerca del mundo que la rodea si quiere que sus acciones sean lo más **efectivas** posible. Informarse bien no siempre es fácil, a veces requiere un poco de trabajo.

BENJAMIN FRANKLIN

LOS CIUDADANOS DEBEN INFORMARSE Y TRABAJAR JUNTOS PARA QUE SU CIUDAD SE MANTENGA EN BUEN ESTADO Y FUNCIONE BIEN. CUANTO MÁS SEPAS Y MÁS HAGAS, TU COMUNIDAD SERÁ MEJOR.

## CIUDADANOS EN ACCIÓN

BENJAMIN FRANKLIN CREÍA QUE LA ÚNICA FORMA EN QUE UNA SOCIEDAD PODÍA FUNCIONAR BIEN ERA TENER CIUDADANOS INFORMADOS. FRANKLIN AYUDÓ A DIRIGIR VARIOS PERIÓDICOS DURANTE SU VIDA Y TRABAJÓ PARA QUE LA INFORMACIÓN FUERA UNA PARTE IMPORTANTE DE LA VIDA EN EL JOVEN PAÍS DE ESTADOS UNIDOS.

# ¿CÓMO PUEDO INFORMARME?

A veces hay que hacer un gran esfuerzo para informarse. Entre otras cosas, se requiere leer periódicos impresos o digitales, hablar con otros ciudadanos informados y **desarrollar** tus propias opiniones acerca de los asuntos del día.

Todo esto toma mucho tiempo. A menudo nos parece que no hay suficientes horas en el día para realizar todo lo que queremos hacer. La gente está muy ocupada con su trabajo, su familia y su vida en general. Sin embargo, si quieres ser el mejor ciudadano posible, dedicar tiempo a informarte bien es muy importante.

ENCONTRAR EL TIEMPO PARA INFORMARSE PUEDE SER DIFÍCIL, ¡PERO VALE LA PENA! LAS BIBLIOTECAS HACEN UN POCO MÁS FÁCIL ESTA TAREA. ESTÁN ABIERTAS AL PÚBLICO Y SON UN BUEN LUGAR PARA ENCONTRAR INFORMACIÓN FIABLE.

**BIBLIOTECA PÚBLICA DE NUEVA YORK**

# BUENA Y MALA INFORMACIÓN

No toda la información es igual de importante, depende de dónde provienen los datos así como la información misma. Una de las razones por las cuales vas a la escuela es para conseguir la mejor información posible.

Encontrar buenas **fuentes** de información fuera de la escuela se vuelve más difícil. Hoy día esto es más cierto que nunca. Con Internet puedes encontrar mucha información de manera fácil y rápida, pero puede ser difícil saber cuál es buena y cuál es mala información.

LOS MAESTROS HACEN TODO LO POSIBLE POR OFRECER LA INFORMACIÓN CORRECTA SOBRE HISTORIA, MATEMÁTICAS, CIENCIAS Y OTRAS MATERIAS A SUS ALUMNOS.

THOMAS JEFFERSON FUE UNA DE LAS PRIMERAS PERSONAS EN APOYAR LA EDUCACIÓN PÚBLICA. CONSIDERABA QUE LA EDUCACIÓN ERA EL ELEMENTO MÁS IMPORTANTE DE UNA BUENA SOCIEDAD.

**THOMAS JEFFERSON**

JEFFERSON

# EJEMPLOS DE BUENA INFORMACIÓN

La buena información procede de muchas fuentes diferentes. Los libros que encuentras en la biblioteca, las revistas **académicas** y los periódicos como el New York Times son algunas de las fuentes aceptadas como de buena información. Las personas que son **expertas** en algún tema también pueden ser buenas fuentes de información.

Pero la buena información va más allá de la fuente de la que procede. La buena información te ayuda a entender el mundo y puede cambiar tu forma de pensar, a menudo de forma positiva.

EL NEW YORK TIMES TIENE PERIODISTAS, O REPORTEROS, QUE TRABAJAN ALREDEDOR DEL MUNDO PARA OFRECERNOS INFORMACIÓN DE PRIMERA MANO ACERCA DE ACONTECIMIENTOS MUNDIALES. ESTE TIPO DE PERIODISMO ES NECESARIO PARA QUE LOS CIUDADANOS ESTÉN INFORMADOS.

EDWARD MURROW FUE UN PERIODISTA ESTADOUNIDENSE QUE SE ESFORZÓ EN REPORTAR LAS NOTICIAS CON VERDAD E **INTEGRIDAD**. MURROW LUCHÓ CONTRA LA **DIFUSIÓN** DE LA MALA INFORMACIÓN, Y GANÓ MUCHOS PREMIOS POR SU TALENTO COMO PERIODISTA.

EDWARD MURROW

# EJEMPLOS DE MALA INFORMACIÓN

Ser capaz de reconocer la mala información es una destreza importante, sobre todo hoy día. Internet permite que la gente esté más conectada entre sí. Sin embargo, esto también significa que la difusión de la mala información es mucho más fácil.

Algunos sitios web comparten mala información a propósito, mientras que otros no tienen suficiente cuidado a la hora de investigar lo que publican. Existen muchas fuentes de información buenas en Internet. Sin embargo, a menudo es más **abundante** la información incorrecta o **engañosa**, además de ser más difícil de **identificar**.

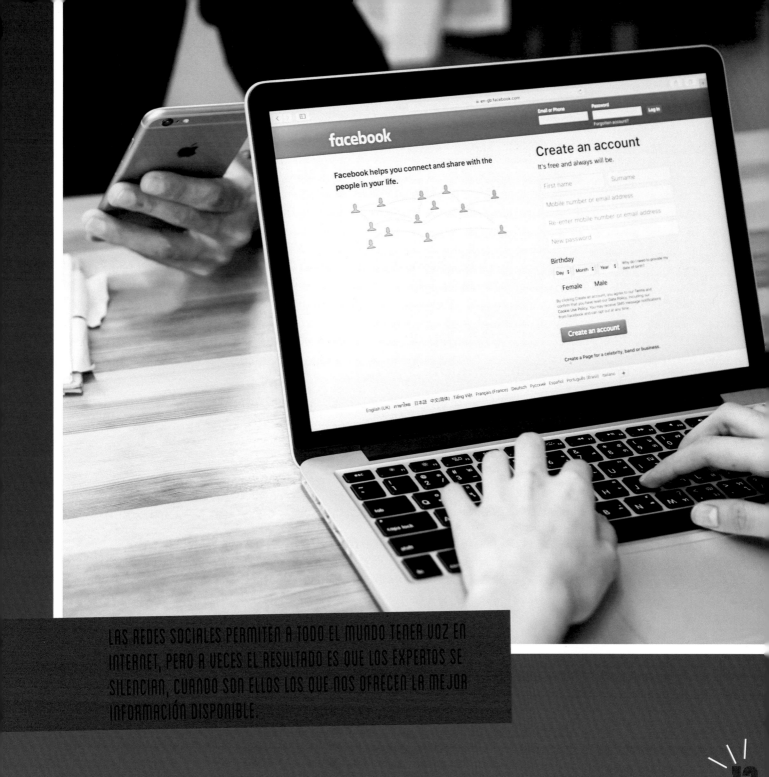

LAS REDES SOCIALES PERMITEN A TODO EL MUNDO TENER VOZ EN INTERNET, PERO A VECES EL RESULTADO ES QUE LOS EXPERTOS SE SILENCIAN, CUANDO SON ELLOS LOS QUE NOS OFRECEN LA MEJOR INFORMACIÓN DISPONIBLE.

# LA BUENA INFORMACIÓN LLEVA A BUENAS ACCIONES

Estar informado es solo el primer paso a la hora de hacer cambios positivos en tu comunidad. El paso siguiente es actuar. La clave para llevar a cabo buenas acciones es tener buena información.

Por ejemplo, tal vez quieras hacer que tu salón de clases sea un lugar mejor. Lo primero que debes hacer es conocer un poco más a tus compañeros de clase y a tus maestros. Una vez que tengas buena información acerca de qué quiere todo el mundo, puedes comenzar a trabajar para conseguir cambios.

15

# DIFERENTES TIPOS DE ACCIÓN

Hay muchas acciones que puedes llevar a cabo una vez que estés informado. Podrías convertirte en **organizador** para ayudar a tu comunidad. En este puesto, animarías a la gente a ser activa en asuntos importantes para sus comunidades.

También podrías dar clases a otros alumnos para ayudarlos en materias en las que tú eres muy bueno. Ayudar a las personas sin hogar es otra forma de actuar en tu comunidad. Si te encanta el servicio público, incluso podrías postular a un puesto público cuando tengas edad suficiente.

A BARACK OBAMA LE ENCANTA EL SERVICIO PÚBLICO. HA SIDO PROFESOR, ORGANIZADOR COMUNITARIO, SENADOR ESTATAL, SENADOR Y HASTA PRESIDENTE DE ESTADOS UNIDOS.

## CIUDADANOS EN ACCIÓN

ANTES DE PRESENTARSE COMO CANDIDATO PARA UN CARGO ELECTO, BARACK OBAMA SIRVIÓ COMO ORGANIZADOR COMUNITARIO EN CHICAGO. ALLÍ, AYUDÓ A LOS MIEMBROS DE LA COMUNIDAD A TOMAR POSICIÓN FRENTE A CUESTIONES IMPORTANTES QUE LOS **AFECTABAN**.

CONGRATULATIONS
CHICAGO'S OWN

# BARACK OBAMA

PRESIDENT-ELECT
OF THE UNITED STATES
∗∗∗ OF AMERICA ∗∗∗
-Mayor Richard M. Daley

YES WE CAN

PRESIDENT-ELECT
OF THE UNITED STATES
∗∗ OF AMERICA ∗∗
-Mayor Richard M. Daley

**BARACK OBAMA**

# CHANGE
# WE NEED

WWW.**BARACKOBAMA**.COM

# ACCIÓN EFECTIVA

Una vez que te hayas informado y conozcas las diferentes formas en las que puedes entrar en acción, ¿cuál debes elegir? La mejor manera de llevar a cabo una acción efectiva es elegir algo que te interesa o que te encanta hacer.

Piensa en las cosas que te interesan. Seguramente hay más gente en tu comunidad a la que también le interesen. Si quieres hacer algo bien, lo más importante es que te guste hacerlo, sobre todo cuando se trata de actuar en tu comunidad.

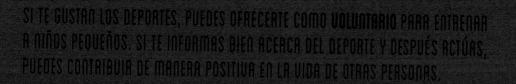

SI TE GUSTAN LOS DEPORTES, PUEDES OFRECERTE COMO VOLUNTARIO PARA ENTRENAR A NIÑOS PEQUEÑOS. SI TE INFORMAS BIEN ACERCA DEL DEPORTE Y DESPUÉS ACTÚAS, PUEDES CONTRIBUIR DE MANERA POSITIVA EN LA VIDA DE OTRAS PERSONAS.

# RESULTADOS POSITIVOS

Después de actuar de manera informada, ¿cómo sabrás si has tenido éxito? El éxito y los resultados positivos no siempre serán fáciles de ver, pero pueden tomar muchas formas diferentes.

El éxito puede ser algo tan pequeño como hacer sonreír a alguien y ayudarlo a pasar un buen día. O puede ser algo tan grande como colaborar en la aprobación de una nueva ley. El éxito no debe medirse por el tamaño de tu resultado, sino por cómo se sienten tú y las personas a las que ayudaste.

ACTUAR DE MANERA INFORMADA PUEDE LLEVAR A GRANDES COSAS. CONSEGUIR QUE SE APRUEBE Y FIRME UNA LEY REQUIERE MUCHO TRABAJO Y ESFUERZO, PERO LOS RESULTADOS PUEDEN SER ENORMES.

New Orleans Area
**Habitat**
**for Humanity®**

*Fund for Humanity*

in partnership with
Crystal Duplessis

**Habitat** for Humanity®  **Habitat** for Humanity  **Habitat** for Humanity

## CIUDADANOS EN ACCIÓN

**JIMMY CARTER**

**DESPUÉS DE SERVIR COMO EL TRIGÉSIMO NOVENO PRESIDENTE DE ESTADOS UNIDOS, JIMMY CARTER AYUDÓ A GRUPOS COMO HABITAT FOR HUMANITY. PARA CARTER, LOS RESULTADOS POSITIVOS NO SE BASABAN SOLO EN EL TAMAÑO DE SUS LOGROS, SINO EN LAS PERSONAS A LAS QUE PUDO AYUDAR A MEJORAR SUS VIDAS.**

仁人家园
**Habitat** for Humanity® China

Jimmy & Rosalynn
**CARTER**
**WORK PROJECT**

# ¡LA SOCIEDAD TE NECESITA!

Actuar de manera informada es importante para hacer de tu comunidad un lugar mejor. Ya sea el salón de clases donde aprendes o la ciudad donde vives, el bienestar de tu comunidad depende de que los ciudadanos actúen de manera informada cuando sea necesario.

Recuerda que cuando se actúa sin estar bien informado, no suele resultar en éxito. Informarte bien y no pasar a la acción también limita tu capacidad de marcar la diferencia. Tu comunidad te necesita, pero tú también a ella. Cuando actúas de manera informada, todo el mundo gana.

# GLOSARIO

**abundante:** en gran cantidad.

**académico:** que tiene que ver con una escuela, sobre todo una universidad.

**afectar:** producir un cambio en algo.

**desarrollar:** construir, cambiar o crear a lo largo del tiempo.

**difusión:** extender o hacer llegar una noticia a mucha gente.

**efectivo:** que produce un resultado deseado.

**engañoso:** que hace creer a alguien algo que no es verdad.

**experto:** alguien que tiene mucha experiencia o conocimiento en un tema.

**fuente:** documentos o personas que ofrecen datos o conocimientos.

**identificar:** reconocer o saber lo que es algo.

**información:** conocimiento o datos acerca de algo.

**integridad:** honestidad; el apoyo de ideas en las que crees.

**organizador:** persona que ayuda a las comunidades a centrarse y unirse para tratar ciertas cuestiones.

**voluntario:** Alguien que se ofrece para apoyar o ayudar porque quiere hacerlo, y sin recibir nada a cambio.

# ÍNDICE

# SITIOS DE INTERNET

Debido a la naturaleza cambiante de los enlaces de Internet, PowerKids Press ha elaborado una lista de sitios web relacionados con el tema de este libro. Este sitio se actualiza de forma regular. Por favor, utiliza este enlace para acceder a la lista: www.powerkidslinks.com/civicv/action